Impressum
Verlag: BABADADA GmbH, Nedderfeld 112 , 22529 Hamburg
Geschäftsführer / Verlagsleitung: Harald Hof
Druck: Books on Demand GmbH, In de Tarpen 42, 22848 Norderstedt

Imprint
Publisher: BABADADA GmbH, Nedderfeld 112 , 22529 Hamburg, Germany
Managing Director / Publishing direction: Harald Hof
Print: Books on Demand GmbH, In de Tarpen 42, 22848 Norderstedt

sajili
el salón de clases

kugawanya
dividir

186/2

ubao
el pizarrón

eneo la shule
el patio

mwalimu
el maestro

karatasi
el papel

kuandika
escribir

kalamu
el bolígrafo

dawati
el escritorio

rula
la regla

kitabu
el libro

mwanafunzi
el alumno

mkoba

la mochila

kikasha cha penseli

la caja de lápices

penseli

el lápiz

kichonga penseli

el sacapuntas

mpira

la goma de borrar

pedi ya kuchora

el bloc de dibujo

uchoraji

el dibujo

brashi ya rangi

el pincel

sanduku la rangi

la caja de lápices de color

mkasi

las tijeras

gundi

el pegamento

daftari

el libro de ejercicios

kazi ya nyumbani

la tarea

nambari

el número

jumlisha

sumar

ondoa

restar

zidisha

multiplicar

kokotoa

calcular

barua

la letra

alfabeti

el alfabeto

neno

la palabra

maandishi

el texto

kusoma

leer

chaki

la tiza

somo

la lección

sajili

el cuaderno de clase

uchunguzi

el examen

cheti

el certificado

sare za shule

el uniforme

elimu

la educación

elezo

la enciclopedia

chuo kikuu

la universidad

darubini

el microscopio

ramani

el mapa

kikapu cha kuweka karatasi
chafu

el bote de basura

hoteli
el hotel

hosteli
el hostel

ofisi ya ubadilishanaji
la casa de cambio

sanduku
la maleta

gari
el carro

lugha
el idioma

ndiyo / la
sí / no

sawa
Órale

hujambo
hola

mtafsiri
el traductor

Asante
Gracias

kiasi gani ni ...?

¿cuánto cuesta...?

Sielewi

No entiendo

tatizo

el problema

Jioni njema!

¡Buenas tardes!

Habari za asubuhi!

¡Buenos días!

Usiku mwema!

¡Buenas noches!

kwa heri

adiós

mwelekeo

la dirección

mizigo

el equipaje

mfuko

la bolsa

shanta

la mochila

mgeni

el invitado

chumba

la recámara

begi la kulalia

la bolsa de dormir

hema

la tienda de campaña

taarifa ya utalii

la información turística

ufuo

la playa

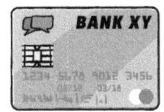

kadi

la tarjeta de crédito

kifunguakinywa

el desayuno

chakula cha mchana

el almuerzo

chakula cha jioni

la cena

tiketi

el billete

kuinua

el ascensor

muhuri

el sello

mpaka

la frontera

mila

la aduana

ubalozi

la embajada

visa

la visa

pasipoti

el pasaporte

el transporte

ndege
el avión

meli
el barco

injini ya moto
el camión de bomberos

basi
el autobús

lori
el camión

motaboti
la lancha a motor

baiskeli
la bicicleta

gari
el carro

feri

el ferry

mashua

el bote

pikipiki

la motocicleta

gari la polisi

la patrulla

gari la mashindano

el coche de carreras

gari la kukodisha

el auto para rentar

kushiriki gari

la renta de autos

lori la kuvuta

la grúa

ukusanyaji taka

el camión recolector de basura

motor

el motor

mafuta

la gasolina

kituo cha mafuta

la gasolinera

ishara trafiki

la señal de tráfico

trafiki

el tránsito

msongamano

el embotellamiento

maegesho

el aparcamiento

kituo cha treni

la estación de tren

reli

las vías

garimoshi

el tren

tremu

el tranvía

gari la mizigo

el vagón

helikopta

el helicóptero

uwanja wa ndege

el aeropuerto

mnara

la torre

abiria

el pasajero

chombo

el contenedor

katoni

la caja de cartón

mkokoteni

la carretilla

kikapu

la cesta

ondoka

despegar / aterrizar

jiji

la ciudad

kijiji

el pueblo

katikati ya jiji

el centro de la ciudad

nyumba

la casa

sinema
el cine

tangazo
el anuncio

taa za mitaani
el farol

CINEMA

barabara
la calle

teksi
el taxi

mtembea kwa miguu
el peatón

duka la vitafunio
la dulcería

njia ya waenda kwa miguu
la banqueta

kivuko
el paso peatonal

pipa
el bote de basura

kuvuka
el cruce

taa za trafiki
el semáforo

kibanda

la cabaña

gorofa

el apartamento

kituo cha treni

la estación de tren

ukumbi wa mji

el ayuntamiento

Makavazi

el museo

shule

la escuela

chuo kikuu

la universidad

benki

el banco

hospitali

el hospital

hoteli

el hotel

duka la dawa

la farmacia

ofisi

la oficina

duka la kitabu

la librería

duka

la tienda

duka la maua

la florería

dukakuu

el supermercado

soko

el mercado

idara ya kuhifadhi

las grandes tiendas

mwuza samaki

la pescadería

kituo cha ununuzi

el centro comercial

bandari

el puerto

Hifadhi

el parque

benki

el banco

daraja

el puente

vidato

las escaleras

chini ya ardhi

el metro

handaki

el túnel

kituo cha mabasi

la parada de autobús

bar

el bar

mgahawa

el restaurante

sanduku la posta

el buzón

ishara ya barabara

el letrero

mita ya maegesho

el parquímetro

bustani ya wanyama

el zoológico

kidimbwi cha kuogelea

la alberca

msikiti

la mezquita

shamba

la granja

uchafuzi

la contaminación

makaburini

el cementerio

kanisa

la iglesia

uwanja wa michezo

el área de niños

hekalu

el templo

mazingira
el paisaje

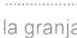

jani
la hoja

ishara ya mwelekeo
la señal

njia
el camino

malisho
la pradera

jiwe
la piedra

mti
el árbol

mtembeaji wa masafa
el caminante

mto
el río

nyasi
el pasto

ua
la flor

bonde

el valle

kilima

la montaña

ziwa

el lago

msitu

el bosque

jangwa

el desierto

volkano

el volcán

ngome

el castillo

upinde wa mvua

el arco iris

uyoga

el champiñón

mtende

la palmera

mbu

el mosquito

kuruka

la mosca

chungu

la hormiga

nyuki

la abeja

buibui

la araña

mende

el escarabajo

chura

la rana

kuchakuro

la ardilla

nungunungu

el erizo

sungura

la liebre

bundi

la lechuza

ndege

el pájaro

swan

el cisne

nguruwe mwitu

el jabalí

kulungu

el ciervo

aina ya kongoni

el alce

bwawa

el embalse

tabo ya upepo

la turbina eólica

nishaji ya jua

el panel solar

hali ya hewa

el clima

mhudumu
el camarero

menyu
el menú

kiti
la silla

supu
la sopa

piza
la pizza

kitambaa cha mezani
el mantel

vilia
los cubiertos

kiamsha hamu

la entrada

kozi kuu

el plato fuerte

kitindamlo

el postre

vinywaji

las bebidas

chakula

la comida

chupa

la botella

chakula cha haraka

la comida rápida

Streetfood

la comida de la calle

buli

la tetera

kisanduku cha sukari

la azucarera

sehemu

la porción

mashine ya espresso

la cafetera espresso

kiti kirefu

la periquera

muswada

la cuenta

trei

la charola

kisu

el cuchillo

uma

el tenedor

kijiko

la cuchara

kijiko cha chai

la cuchara de té

nepi

la servilleta

glasi

el vaso

sahani

el plato

sahani ya supu

el plato hondo

sufuria

el plato

mchuzi

la salsa

kichanyaji chumvi

el salero

kinu cha pilipili

el molino para pimienta

siki

el vinagre

mafuta

el aceite

viungo

las especias

kechapu

el kétchup

haradali

la mostaza

kachumbari nzito

la mayonesa

ofa maalum
la oferta especial

mteja
el cliente

maziwa
los productos lácteos

matunda
la fruta

toroli
el carrito para compras

FOR

mchinjaji

la carnicería

mwokaji

la panadería

uzito

pesar

mboga

los vegetales

nyama

la carne

chakula waliohifadhiwa

los alimentos congelados

vipande vya nyama baridi

las carnes frías

chakula cha kopo

los alimentos enlatados

sabuni ya unga

el detergente en polvo

pipi

los dulces

bidhaa za kaya

los electrodomésticos

bidhaa za kusafisha

productos de limpieza

mtu mauzo

la vendedora

mpaka

la caja

keshia

el cajero

orodha ya manunuzi

la lista de compras

masaa ya ufunguzi

el horario de atención al público

mkoba

la cartera

kadi

la tarjeta de crédito

mfuko

la bolsa

mfuko wa plastiki

la bolsa de plástico

vinywaji

las bebidas

maji

el agua

sharubati

el jugo

maziwa

la leche

coke

el refresco de cola

mvinyo

el vino

bia

la cerveza

pombe

el alcohol

kakao

el cacao

chai

el té

kahawa

el café

spreso

el espresso

kapuchino

el cappuccino

ndizi

el plátano

tufaha

la manzana

machungwa

la naranja

tikiti

el melón

lemon

el limón

karoti

la zanahoria

kitunguu saumu

el ajo

mianzi

el bambú

kitunguu

la cebolla

uyoga

el champiñón

karanga

las nueces

nudo

los fideos

spageti

los espaguetis

mpunga

el arroz

saladi

la ensalada

vibanzi

las patatas fritas

viazi vya kukaanga

las patatas fritas

piza

la pizza

hambaga

la hamburguesa

sandwichi

el emparedado

kipande

el filete

paja la mnyama

el jamón

salami

el salami

soseji

la salchicha

kuku

el pollo

choma

el asado

samaki

el pescado

oats ya uji

los copos de avena

muesli

el muesli

cornflakes

los copos de maíz

unga

la harina

kroisanti

el cuernito

andazi

el bolillo

mkate

el pan

mkate wa kubanika

la tostada

biskuti

las galletas

siagi

la mantequilla

maziwa mgando

la cuajada

keki

el pastel

yai

el huevo

yai kukaanga

el huevo frito

jibini

el queso

aiskrimu

el helado

sukari

el azúcar

asali

la miel

jemu

la mermelada

kuenea kwa chokoleti

la crema de chocolate

mchuzi wa viungo

el curry

nyumba ya kilimo
la granja

ghalani
el granero

majani bale
una paca de paja

uwanja
el campo

farasi
el caballo

trela
el remolque

mtoto
el potro

trekta
el tractor

punda
el burro

kondoo
la oveja

mwanakondoo
el cordero

mbuzi

la cabra

ng'ombe

la vaca

ndama

el ternero

nguruwe

el cerdo

mwananguruwe

el lechón

fahali

el toro

batabukini

el ganso

bata

el pato

kifaranga

el pollo

kuku

la gallina

jogoo

el gallo

panya

la rata

paka

el gato

panya

el ratón

ng'ombe

el buey

mbwa

el perro

nyumba ya mbwa

la casa del perro

bomba la bustani

la manguera

debe la kumwagilia maji

la regadera

fyekeo

la guadaña

kulima

el arado

mundu

la hoz

jembe

el azadón

uma wa nyasi

la horquilla

shoka

el hacha

toroli

la carretilla

kupitia nyimbo

el bebedero

chombo cha maziwa

el bote de leche

gunia

el saco

ua

la valla

imara

el establo

chafu

el invernadero

udongo

el suelo

mbegu

la semilla

mbolea

el fertilizador

kivunaji

la cosechadora

mavuno

cosechar

mavuno

la cosecha

viazi vikuu

el camote

ngano

el trigo

soya

la soja

viazi

la patata

mahindi

el maíz

rapa

la semilla de colza

mti wa matunda

el árbol frutal

muhogo

la mandioca

nafaka

las cereales

chimni
la chimenea

paa
el tejado

bomba la maji ya mvua
el canalón

dirisha
la ventana

gareji
el garaje

kengele ya mlangoni
el timbre

mlango
la puerta

pipa la taka
el bote de basura

sanduku la barua
el buzón

bustani
el jardín

sebuleni

la estancia

bafu

el baño

jikoni

la cocina

chumba cha kulala

la recámara

chumba ya mtoto

la recámara de los niños

chumba cha kulia

el comedor

sakafu

el suelo

ukuta

la pared

dari

el techo

pishi

el sótano

sauna

el sauna

roshani

el balcón

mtaro

la terraza

kidimbwi

la alberca

mashine ya kukata nyasi

el cortacésped

karatasi

la sábana

kitambaa cha kupamba
kitanda

la colcha

kitanda

la cama

ufagio

la escoba

ndoo

el balde

kubadili

el interruptor

mandhari
el papel para empapelar

picha
la imagen

taa
la lámpara

rafu
el estante

kabati
la alacena

televisheni/runinga
la televisión

mekoni
la chimenea

ua
la flor

mto
el cojín

sofa
el sofá

chombo cha maua
el florero

kitenzambali
el control remoto

zulia

la alfombra

pazia

la cortina

meza

la mesa

kiti

la silla

kiti cha bembea

la mecedora

armchair

el sillón

kitabu

el libro

blanketi

la frazada

mapambo

la decoración

kuni

la leña

filamu

la película

kifaa cha hi-fi

el equipo de música

ufunguo

la llave

gazeti

el periódico

uchoraji

la pintura

bango

el póster

redio

la radio

daftari

el cuaderno

kifyonza

la aspiradora

dungusi kakati

el cactus

mshumaa

la vela

jokofu
el refrigerador

kikanza
el microondas

wadogo jikoni
la báscula de cocina

kibaniko
la tostadora

sabuni
el detergente

stovu
el horno

friza
el congelador

pipa la taka
el bote de basura

mashine ya kuoshea vyombo
el lavavajillas

jiko la kupika

la olla a presión

chungu

la olla

sufuria ya chuma

la olla de hierro fundido

wok / kadai

el wok

kaango

la sartén

birika

el hervidor

stima

la vaporera

sinia ya kuoka

la charola de horno

vyombo vya udongo

la loza

kombe

la taza

bakuli

el bol

vijiti vya kulia

los palillos

ukawa

el cucharón

mwiko mpana

la espátula

burashi

la batidora

kichujio

el colador

chujio

el colador

mbuzi

el rallador

chokaa

el mortero

barbeque

la barbacoa

moto wazi

la fogata

ubao wa majaribio

la tabla para picar

kijiti cha kusukuma unga

el rodillo para amasar

kizibuo

el sacacorchos

kopo

la lata

inaweza kopo

el abrelatas

kishikio cha chungu

el guante de cocina

karo

el fregadero

brashi

el cepillo

sifongo

la esponja

kisagaji matunda

la batidora

friji ya kina

el congelador

chupa ya mtoto

el biberón

bomba

la llave

mfereji wa kuogea
la ducha

joto
la calefacción

taulo
la toalla

pazia la kuogea
la cortina de la ducha

maji ya kuoga yenye povu
el baño de espuma

hodhi
la tina

glasi
el vaso

mashine ya kuosha
la lavadora

vigae
las baldosas

bomba
la llave

poti
la bacinica

karo
el fregadero

choo
el inodoro

choo cha squat
la letrina

beseni la mviringo
el bidé

choo cha umma
el mingitorio

shashi
el papel higiénico

brashi ya choo
el cepillo para baño

mswaki

el cepillo de dientes

dawa ya meno

la pasta dental

dawa ya meno

el hilo dental

safisha

lavar

kuoga mkono

la ducha de mano

msukumo wa maji

la ducha vaginal

bonde

el fregadero

mpako wa pili

el cepillo de espalda

sabuni

el jabón

jeli ya kuogea

el gel de ducha

shampuu

el champú

flana

la toallita

toa maji

el drenaje

krimu

la crema

kiondoa harufu

el desodorante

kioo

el espejo

kioo mkono

el espejo de tocador

kinyozi

la máquina para afeitar

povu la kunyoa

la espuma de afeitar

baada ya kunyoa

la loción para después de
afeitar

kichana

el peine

brashi

el cepillo

kikausha nywele

la secadora

marashi ya nyewele

la laca

vipodozi

el maquillaje

kidomwa

el lápiz labial

varnish ya msumari

el esmalte para uñas

pamba

el algodón

mkasi wa kucha

las tijeras para uñas

manukato

el perfume

mkoba wa kuosha

el estuche para cosméticos

kinyesi

el taburete

mizani

la báscula

nguo ya kuoga

la bata

glavu za mpira

los guantes de goma

kisodo

el tampón

sodo

la toalla sanitaria

kemikali choo

el baño móvil

saa ya kengele
el despertador

kidoli cha kupakata
el peluche

gari bandia
el carro de juguete

kelele
la sonaja

chumba cha midoli
la casa de muñecas

sasa
el regalo

baluni

el globo

kitanda

la cama

mashua

la carriola

staha ya kadi

las cartas

mchezo-fumb

el rompecabezas

vichekesho

el cómic

matofali lego

las piezas de lego

vitalu mwigo

los bloques para jugar

hatua takwimu

la figura de acción

suti ya kulalia

el mameluco

kisahani

el frisbee

simu

el móvil para bebés

ubao wa michezo

el juego de mesa

kete

los dados

garimoshi mwigo

el tren eléctrico

dummy

el maniquí

chama

la fiesta

picha kitabu

el álbum de fotos

mpira

el balón

kikaragosi

la muñeca

kucheza

jugar

shimo la mchanga

el arenero

bembea

el columpio

vitu bandia

los juguetes

kiweko cha video ya mchezo

la consola de videojuegos

baiskeli ya magurudumu

el triciclo

matatu

mwanasesere

el oso de peluche

kabati

el clóset

nguo

la ropa

soksi

los calcetines

stokingi

las pantimedias

kibano

las mallas

skafu
la bufanda

mwavuli
el paraguas

ukanda
el cinto

fulana
la playera

viatu
las botas

ndara
las chanclas

wakufunzi
los tenis

malapa
las sandalias

viatu
los zapatos

mabuti ya mpira
las botas de goma

suruali ya ndani
la ropa interior

sidiria
el brasier

fulana
el chaleco

mwili

el body

suruali

los pantalones

dangirizi

los pantalones de mezclilla

sketi

la falda

blauzi

la blusa

shati

la camisa

vuta

el suéter

sweta

la sudadera

bleza

el saco sport

jaketi

la chamarra

koti

el abrigo

koti la mvua

el impermeable

maleba

el traje

gauni

el vestido

mavazi ya harusi

el vestido de novia

suti

el traje

vazi la usiku

el camisón

pajama

el pijama

sari

el sari

skafu

el pañuelo para la cabeza

kilemba

el turbante

burka

la burka

kaftan

el caftán

abaya

la abaya

vazi la kuogelea

el traje de baño

vazi la kiume la kuogelea

el short de baño

kaptura

los shorts

teitei

los pants

aproni

el delantal

glavu

los guantes

kifungo

el botón

glasi

las gafas

bangili

el brazalete

mkufu

el collar

pete

el anillo

herini

el arete

kofia

la gorra

kiango cha koti

el gancho

kofia

el sombrero

tai

la corbata

zipu

el cierre

kofia

el casco

kanda za suruali

los tirantes

sare za shule

el uniforme

sare

el uniforme

bibu

el babero

dummy

el maniquí

nepi

el pañal

seva
el servidor

kabati la kuweka faili
el archivo

kichapishaji
la impresora

kiwambo
el monitor

karatasi
el papel

kipanya
el mouse

dawati
el escritorio

folda
la carpeta

kibodi
el teclado

ou cha kuweka karatasi chafu
te de basura

kompyuta
la computadora

kiti
la silla

kmobe la kahawa

la taza de café

kikokotoo

la calculadora

biashara

el internet

mbali

la notebook

barua

la carta

ujumbe

el mensaje

rununu

el móvil

intaneti

la red

fotokopia

la fotocopiadora

programu

el software

simu

el teléfono

soketi

el tomacorriente

kipepesi

el fax

fomu

el formulario

hati

el documento

kununua

comprar

kulipa

pagar

biashara

hacer negocios

fedha

el dinero

dola

el dólar

yuro

el euro

yeni

el yen

rouble

el rublo

faranga ya Uswisi

el franco suizo

renminbi yuan

el yuan

rupia

la rupia

eneo la kulipia

el cajero automático

ofisi ya ubadilishanaji

la casa de cambio

dhahabu

el oro

fedha

la plata

mafuta

el petróleo

nishati

la energía

bei

el precio

mkataba

el contrato

kodi

el impuesto

bidhaa

la acción

kazi

trabajar

mfanyakazi

el empleado

mwajiri

el empleador

kiwanda

la fábrica

duka

la tienda

afisa wa polisi
el policía

mzimamoto
el bombero

mpishi
el cocinero

daktari
el médico

rubani
el piloto

mtunza bustani

el jardinero

seremala

el carpintero

mshonaji

la costurera

hakimu

el juez

mwanakemia

el farmacéutico

muigizaji

el actor

dereva wa basi

el conductor de autobús

dereva wa teksi

el taxista

mvuvi

el pescador

mwanamke wa kusafisha

la señora de la limpieza

mwezekaji

el instalador de techos

mhudumu

el camarero

mwindaji

el cazador

mchoraji

el pintor

mwokaji

el panadero

umeme

el electricista

mjenzi

el obrero

mhandisi

el ingeniero

mchinjaji

el carnicero

fundi bomba

el plomero

mwanaposta

el cartero

mwanajeshi

el soldado

msanifu majengo

el arquitecto

keshia

el cajero

muuza maua

el florista

msusi

el peluquero

kondakta

el cobrador

mekanika

el mecánico

nahodha

el capitán

daktari wa meno

el dentista

mwanasayansi

el científico

rabbi

el rabino

imamu

el imán

mtawa

el monje

kasisi

el sacerdote

nyundo
el martillo

koleo
la pinza

bisibisi
el desarmador

spana
la llave

kurunzi
la linterna

mchimbaji

la excavadora

sanduku la vifaa

la caja de herramientas

ngazi

la escalera de mano

msumeno

la sierra

misumari

los clavos

kuchimba visima

el taladro

kukarabati

reparar

sepetu

la pala

Lo!

¡Maldición!

kishikio cha uchafu

el recogedor

chungu cha rangi

el bote de pintura

skurubu

los tornillos

ala za muziki
los instrumentos musicales

mpangilio wa ngoma
la batería

spika
el altavoz

gita
la guitarra

besi mara mbili
el contrabajo

tarumbeta
la trompeta

piano

el piano

fidla

el violín

ubeji

el bajo

timpani

los timbales

ngoma

el tambor

kibodi

el teclado

saksafoni

el saxofón

filimbi

la flauta

maikrofoni

el micrófono

simbamarara
el tigre

lango la kuingia
la entrada

ngome
la jaula

pundamilia
la cebra

chakula cha mifugo
el alimento para animales

panda
el oso panda

wanyama

los animales

tembo

el elefante

kangaruu

el canguro

kifaru

el rinoceronte

sokwe

el gorila

dubu

el oso

ngamia

el camello

mbuni

el avestruz

simba

el león

tumbili

el mono

heroe

el flamenco

kasuku

el loro

dubu

el oso polar

penguini

el pingüino

papa

el tiburón

tausi

el pavo real

nyoka

la serpiente

mamba

el cocodrilo

mtunza wanyama

el guardián de zoológico

muhuri

la foca

jaguar

el jaguar

mwanafarasi

el poni

chui

el leopardo

kiboko

el hipopótamo

twiga

la jirafa

tai

el águila

nguruwe mwitu

el jabalí

samaki

el pescado

kobe

la tortuga

sili

la morsa

mbwcha

el zorro

paa

la gacela

soka ya marekani
el fútbol americano

uendeshaji baiskeli
el ciclismo

tenisi
el tenis

mpira wa kikapu
el baloncesto

kuogelea
la natación

ndondi
el boxeo

magongo ya barafuni
el hockey sobre hielo

soka
el fútbol

vinyoya
el bádminton

riadha
el atletismo

mpira wa mikono
el handball

skii
el esquí

polo
el polo

cheka
reír

kuruka
saltar

kumbatia
abrazar

kutembea
caminar

kuimba
cantar

ota ndoto
soñar

kuomba
rezar

busu
besar

kuandika

escribir

kuteka

dibujar

angalia

mostrar

sukuma

empujar

kutoa

dar

kuchukua

tomar

kuwa
....
tener

fanya
....
hacer

kuwa
....
ser

kusimama
....
estar parado

kukimbia
....
correr

vuta
....
jalar

kutupa
....
arrojar

kuanguka
....
caer

hadaa
....
estar acostado

kusubiri
....
esperar

kubeba
....
llevar

kukaa
....
estar sentado

vaa nguo
....
vestirse

usingizi
....
dormir

kuamka
....
despertar

kuangalia

mirar

lia

llorar

kiharusi

acariciar

chana nywele

peinar

ongea

hablar

kuelewa

entender

kuuliza

preguntar

kusikiliza

escuchar

kunywa

beber

kula

comer

nadhifisha

ordenar

upendo

amar

mpishi

cocinar

gari

conducir

kuruka

volar

meli

navegar

kokotoa

calcular

kusoma

leer

kujifunza

aprender

kazi

trabajar

kuoa

casarse

kushona

coser

piga mswaki

cepillarse los dientes

kuua

matar

moshi

fumar

kutuma

enviar

bibi
la abuela

babu
el abuelo

baba
el padre

mama
la madre

mtoto
el bebé

binti
la hija

bin
el hijo

mgeni

el invitado

shangazi

la tia

mjomba

el tio

kaka

el hermano

dada

la hermana

el cuerpo

paji la uso
la frente

jicho
el ojo

bega
el hombro

kidole
el dedo

uso
la cara

kidevu
la barbilla

mkono
la mano

matiti
el pecho

mguu
la pierna

mkono
el brazo

mtoto

el bebé

mwanamume

el hombre

mwanamke

la mujer

msichana

la niña

mvulana

el niño

kichwa

la cabeza

nyuma

la espalda

tumbo

la barriga

kitovu

el ombligo

chano

el dedo del pie

kisigino

el talón

mfupa

el hueso

nyonga

la cadera

goti

la rodilla

kiwiko

el codo

pua

la nariz

chini

las pompis

ngozi

la piel

shavu

la mejilla

sikio

el oído

mdomo

el labio

kinywa

la boca

jino

el diente

ulimi

la lengua

ubongo

el cerebro

moyo

el corazón

misuli

el músculo

pafu

el pulmón

ini

el higado

tumbo

el estómago

figo

los riñones

jinsia

el sexo

kondomu

el condón

ovari

el óvulo

shahawa

el semen

mimba

el embarazo

hedhi
....
la menstruación

uke
....
la vagina

uume
....
el pene

unyusi
....
la ceja

nywele
....
el cabello

shingo
....
el cuello

hospitali
el hospital

gari la wagonjwa
la ambulancia

kiti cha magurudumu
la silla de ruedas

jeraha
la fractura

daktari

el médico

chumba cha dharura

la sala de emergencias

muuguzi

la enfermera

dharura

la emergencia

kupoteza fahamu

inconsciente

maumivu

el dolor

kuumia

la lesión

kutokwa na damu

la hemorragia

mshtuko wa moyo

el infarto

kiharusi

el accidente
cerebrovascular

mzio

la alergia

kikohozi

la tos

homa

la fiebre

mafua

la gripa

kuharisha

la diarrea

maumivu ya kichwa

el dolor de cabeza

kansa

el cáncer

ugonjwa wa kisukari

la diabetes

daktari mpasuaji

el cirujano

kisu kidogo cha kupasulia

el bisturí

operesheni

la operación

picha changanufu ya mwili

TC

Eksrei

los rayos x

mawimbi sauti

el ultrasonido

barakoa ya uso

la mascarilla

ugonjwa

la enfermedad

chumba cha kusubiri

la sala de espera

mkongojo

la muleta

plasta

la vendita

bendeji

el vendaje

sindano

la inyección

stetoskopu

el estetoscopio

machela

la camilla

kipimajoto cha kliniki

el termómetro

kuzaliwa

el nacimiento

unene kupita kiasi

el sobrepeso

hospitali - el hospital

kusikia misaada

el audífono

kipukusi

el desinfectante

maambukizi

la infección

virusi

el virus

VVU / UKIMWI

VIH / SIDA

dawa

la medicina

chanjo

la vacunación

vidonge

las tabletas

kidonge

la pastilla anticonceptiva

simu ya dharura

la llamada de emergencia

haemodainamometa

el medidor de presión

mgonjwa / mwenye afya

enfermo / sano

Msaada!

¡Socorro!

kengele

la alarma

pigo

la agresión

shambulizi

el ataque

hatari

el peligro

lango la dharura

la salida de emergencia

Moto!

¡Fuego!

kizima moto

el extintor de incendios

ajali

el accidente

vifaa vya huduma ya kwanza

el botiquín de primeros auxilios

wito wa msaada

SOS

polisi

la policía

Ulaya

Europa

Amerika ya Kaskazini

Norteamérica

Amerika ya Kusini

Sudamérica

Afrika

África

Asia

Asia

Australia

Australia

Atlantiki

el Atlántico

Pasifiki

el Pacífico

Bahari ya Hindi

el Océano Índico

Bahari ya Antaktiki

el Océano Antártico

Bahari ya Aktiki

el Océano Ártico

Ncha ya Kaskazini

el polo norte

Ncha ya Kusini

el polo sur

Antaktika

la Antártida

dunia

la tierra

nchi

la tierra

bahari

el mar

kisiwa

la isla

taifa

la nación

jimbo

el estado

uso wa saa

la esfera

akrabu ya saa

la manecilla de las horas

akrabu ya dakika

el minutero

akrabu ya sekunde

el segundero

Ni saa ngapi?

¿Qué hora es?

siku

el día

wakati

la hora

sasa

ahora

saa ya dijitali

el reloj digital

dakika

el minuto

saa

la hora

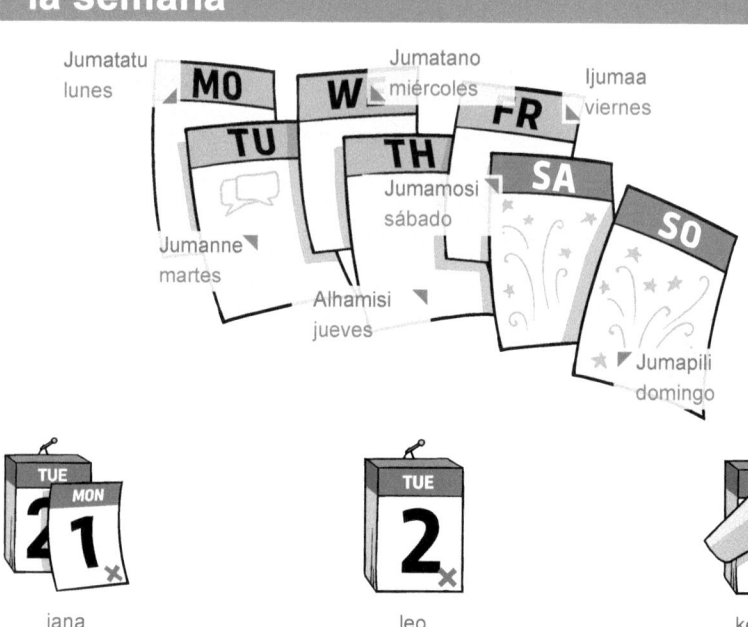

Jumatatu
lunes

Jumatano
miércoles

Ijumaa
viernes

Jumanne
martes

Jumamosi
sábado

Alhamisi
jueves

Jumapili
domingo

jana

ayer

leo

hoy

kesho

mañana

asubuhi

la mañana

saa sita mchana

el mediodía

jioni

la tarde

siku za biashara

los días laborables

mwishoni mwa wiki

el fin de semana

mvua
la lluvia

upinde wa mvua
el arco iris

theluji
la nieve

upepo
el viento

majira ya machipuko
la primavera

vuli
el otoño

kiangazi
el verano

majira ya baridi
el invierno

4.APRIL	11°	☀
5.APRIL	4°	☁
6.APRIL	13°	☂
7.APRIL	8°	❄
8.APRIL	10°	☀

utabiri wa hali ya hewa

el pronóstico del tiempo

kipimajoto

el termómetro

mwanga wa jua

el sol

wingu

la nube

ukungu

la niebla

unyevu

la humedad

umeme

el rayo

radi

el trueno

dhoruba

la tormenta

mvua ya mawe

el granizo

monsuni

el monzón

mafuriko

la inundación

barafu

el hielo

Januari

enero

Februari

febrero

Machi

marzo

Aprili

abril

Mei

mayo

Juni

junio

Julai

julio

Agosti

agosto

Septemba
....
septiembre

Oktoba
....
octubre

Novemba
....
noviembre

Desemba
....
diciembre

maumbo
las formas

mduara
....
el círculo

mraba
....
el cuadrado

mstatili
....
el rectángulo

pembetatu
....
el triángulo

nyanja
....
la esfera

mchemraba
....
el cubo

nyeupe

blanco

manjano

amarillo

chungwa

naranja

rangi ya waridi

rosa

nyekundu

rojo

hudhurungi

morado

bluu

azul

kijani

verde

hanja

marrón

jivujivu

gris

nyeusi

negro

mengi / kidogo

mucho / poco

hasira / pole

enojado / tranquilo

nzuri / mbaya

bonito / feo

mwanzo / mwisho

principio / fin

kubwa / ndogo

grande / pequeño

angavu / giza

claro / oscuro

kaka / dada

el hermano / la hermana

safi / chafu

limpio / sucio

kamilika / tokamilika

completo / incompleto

siku / usiku

el dia / la noche

wafu / hai

muerto / vivo

pana / nyembamba

ancho / angosto

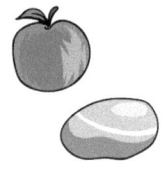

kulika / kutolika

comestible / no comestible

ovu / ema

malo / amable

sisimkwa / udhika

entusiasmado / aburrido

nene / nyembamba

gordo / delgado

kwanza / mwisho

primero / último

rafiki / adui

el amigo / el enemigo

jaa / tupu

lleno / vacío

ngumu / laini

duro / blando

nzito / nyepesi

pesado / ligero

njaa / kiu

el hambre / la sed

mgonjwa / mwenye afya

enfermo / sano

haramu / kisheria

ilegal / legal

akili / kijinga

inteligente / tonto

kushoto / kulia

izquierda / derecha

karibu / mbali

cerca / lejos

mpya / kutumika

nuevo / usado

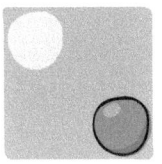

kitu / jambo

nada / algo

zee / changa

viejo / joven

waka / zima

encendido / apagado

wazi / fungwa

abierto / cerrado

utulivu / kelele

silencioso / ruidoso

tajiri / masikini

rico / pobre

sahihi / kosa

correcto / incorrecto

mbaya / laini

áspero / suave

huzunika / furahia

triste / contento

fupi /ndefu

corto / largo

polepole / haraka

lento / rápido

nyevu / kavu

húmedo / seco

joto / baridi

caliente / frío

vita / amani

guerra / paz

0

sufuri

cero

1

moja

uno

2

mbili

dos

3

tatu

tres

4

nne

cuatro

5

tano

cinco

6

sita

seis

7

saba

siete

8

nane

ocho

9

tisa

nueve

10

kumi

diez

11

kumi na moja

once

12

kumi na mbili

doce

13

kumi na tatu

trece

14

kumi na nne

catorce

15

kumi na tano

quince

16

kumi na sita

dieciséis

17

kumi na saba

diecisiete

18

kumi na nane

dieciocho

19

kumi na tisa

diecinueve

20

ishirini

veinte

100

mia

cien

1.000

elfu

mil

1.000.000

milioni

el millón

Kiingereza

el inglés

Kiingereza cha Marekani

el inglés americano

Kimandarini cha Uchina

el chino mandarín

Kihindi

el hindi

Kihispania

el español

Kifaransa

el francés

Kiarabu

el árabe

Kirusi

el ruso

Kireno

el portugués

Kibengali

el bengalí

Kijerumani

el alemán

Kijapani

el japonés

mimi

yo

wewe

tú

yeye / yeye / ni

él / ella

sisi

nosotros

wewe

vosotros

wao

ellos

nani?

¿quién?

nini?

¿qué?

jinsi gani?

¿cómo?

wapi?

¿dónde?

lini?

¿cuándo?

jina

el nombre

nyuma

detrás

katika

en

mbele ya

delante de

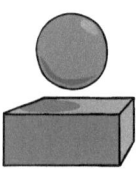

juu ya

por encima de

kwenye

sobre

chini ya

debajo de

kando

junto a

kati

entre

mahali

el lugar